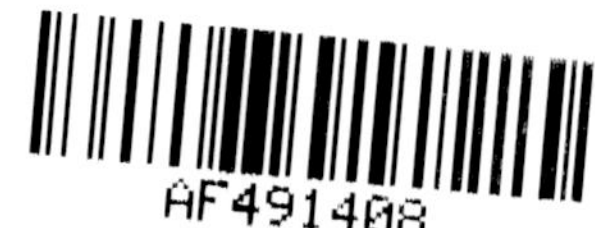

GLASMALEREI GOTHIC MALBUCH

DIESES BUCH GEHÖRT

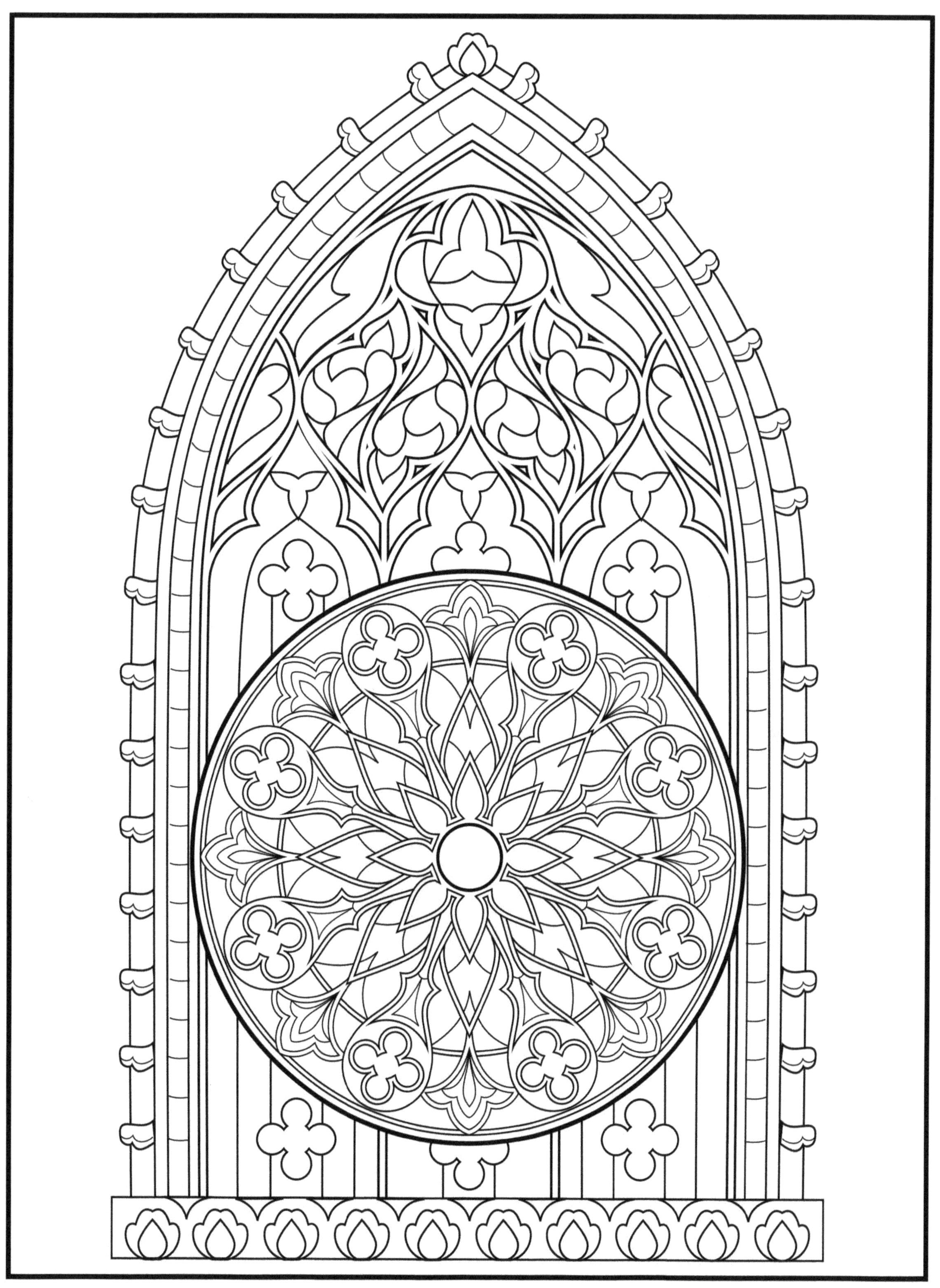

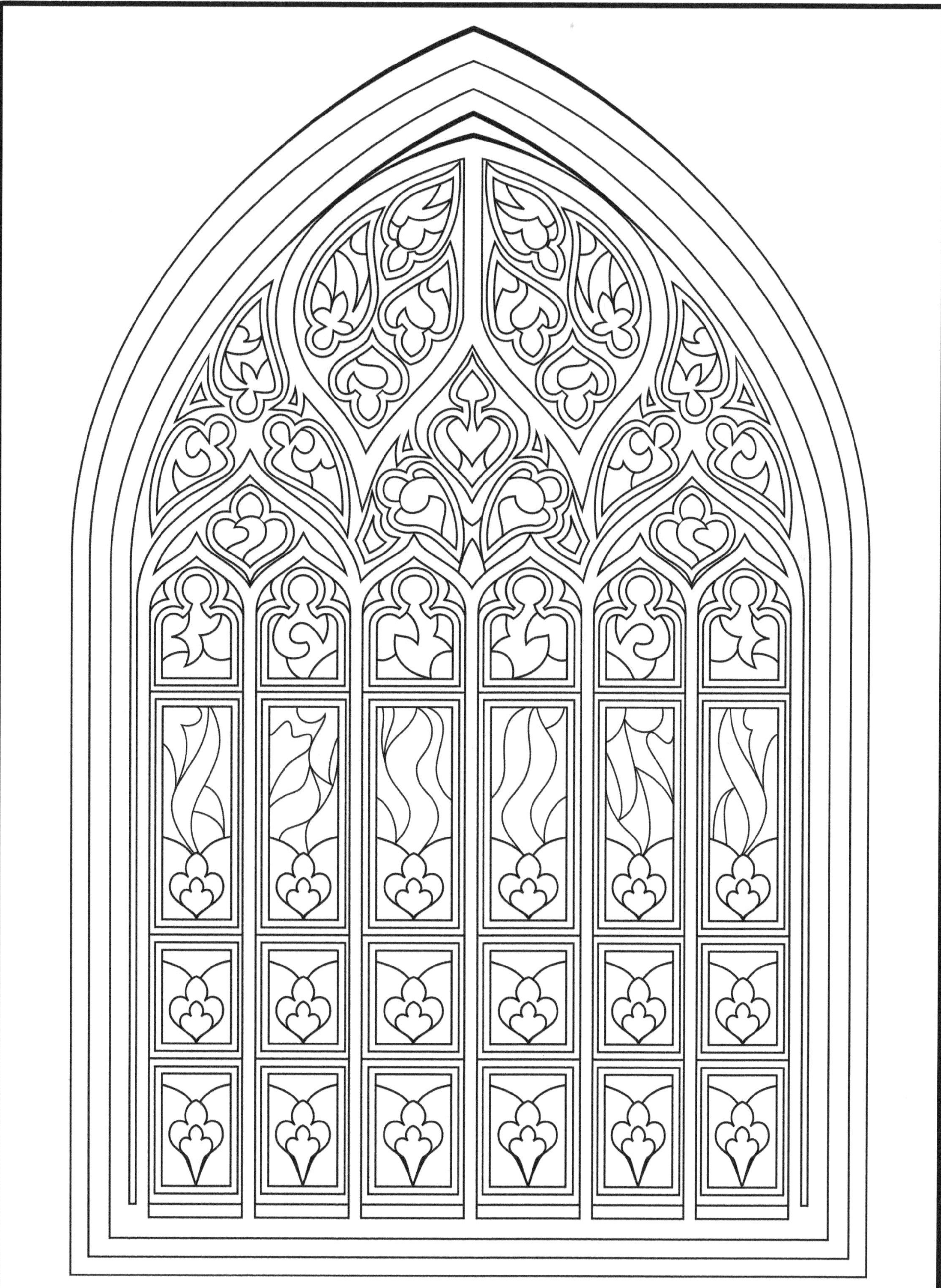

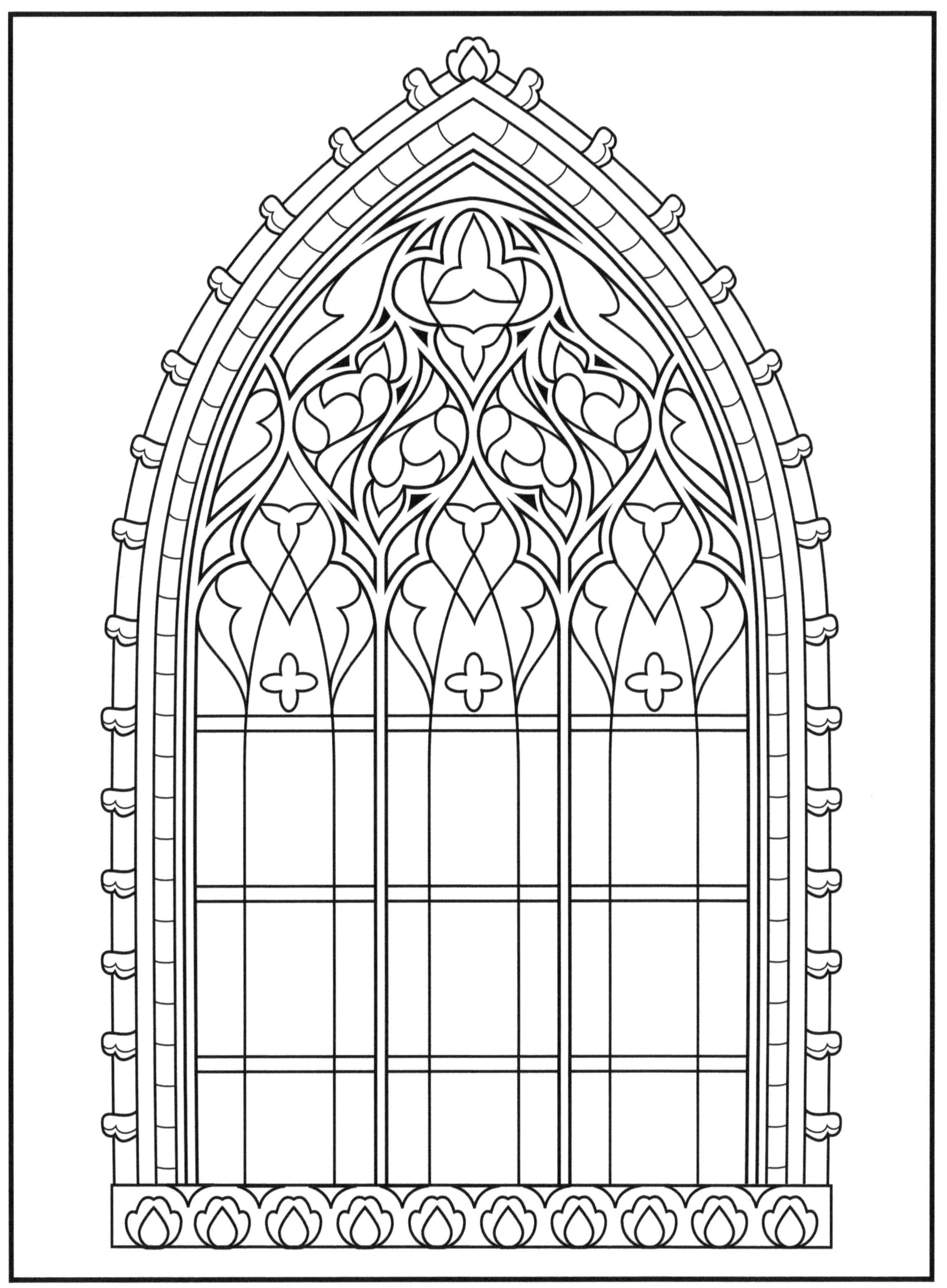

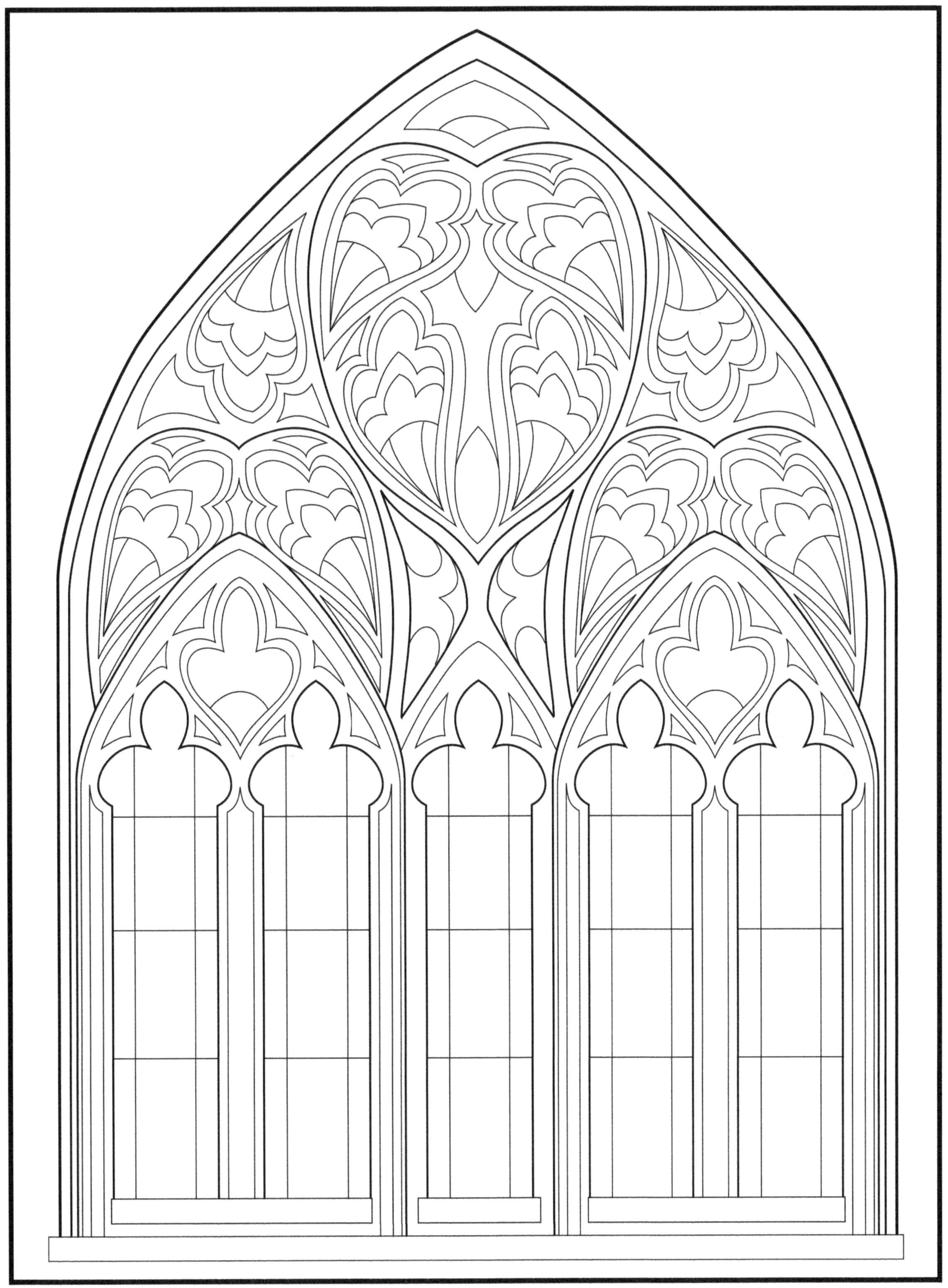

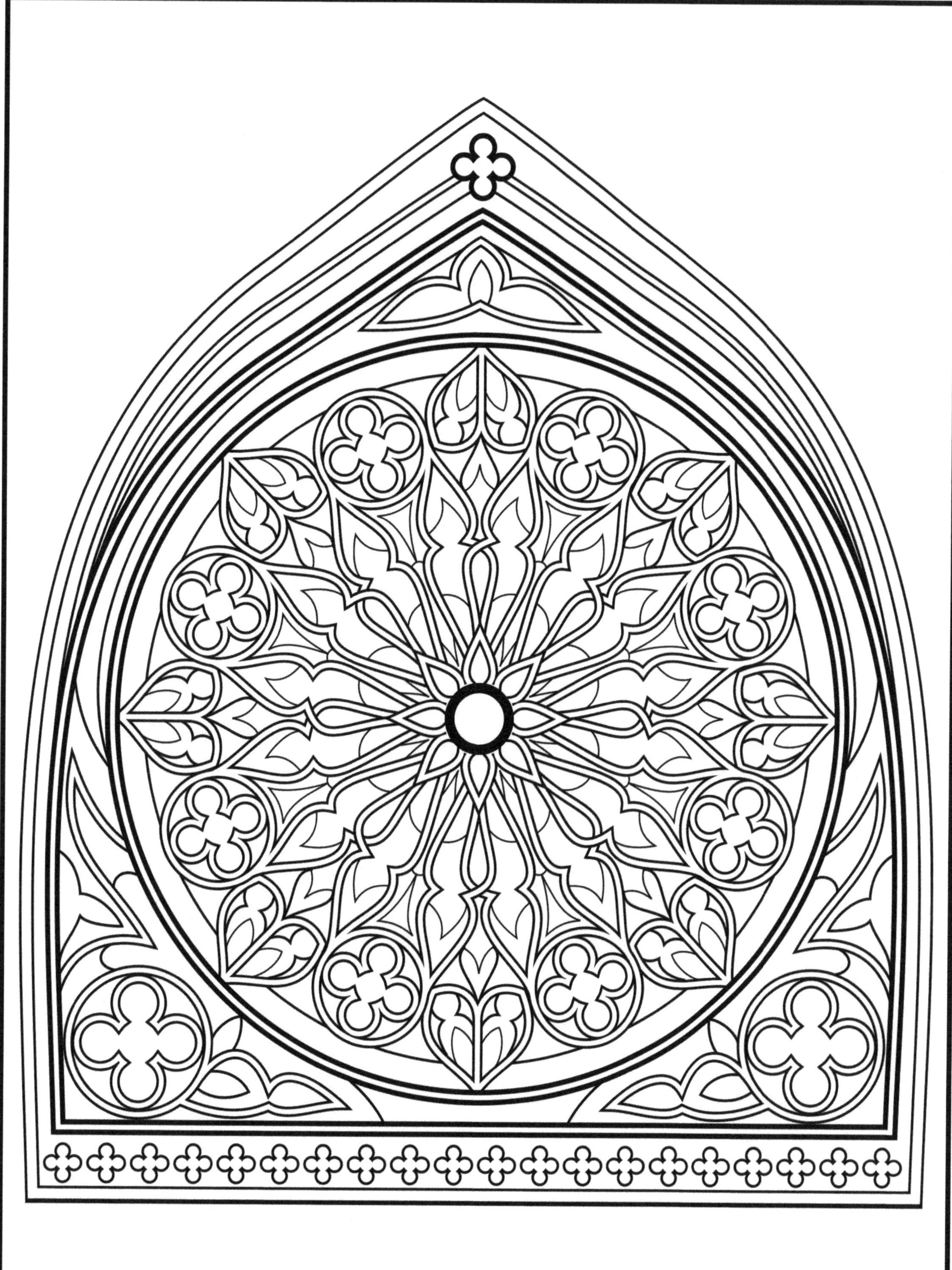

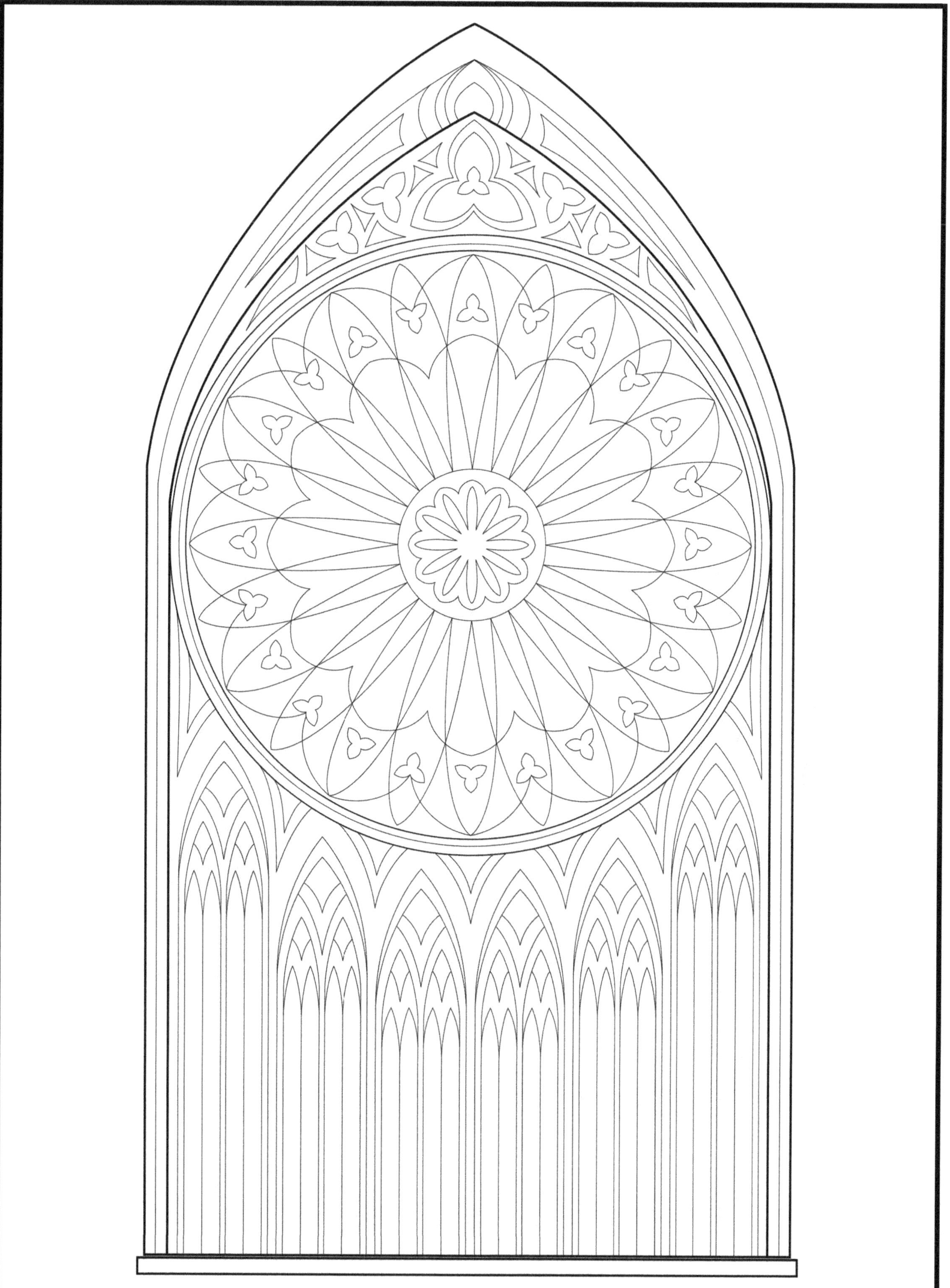

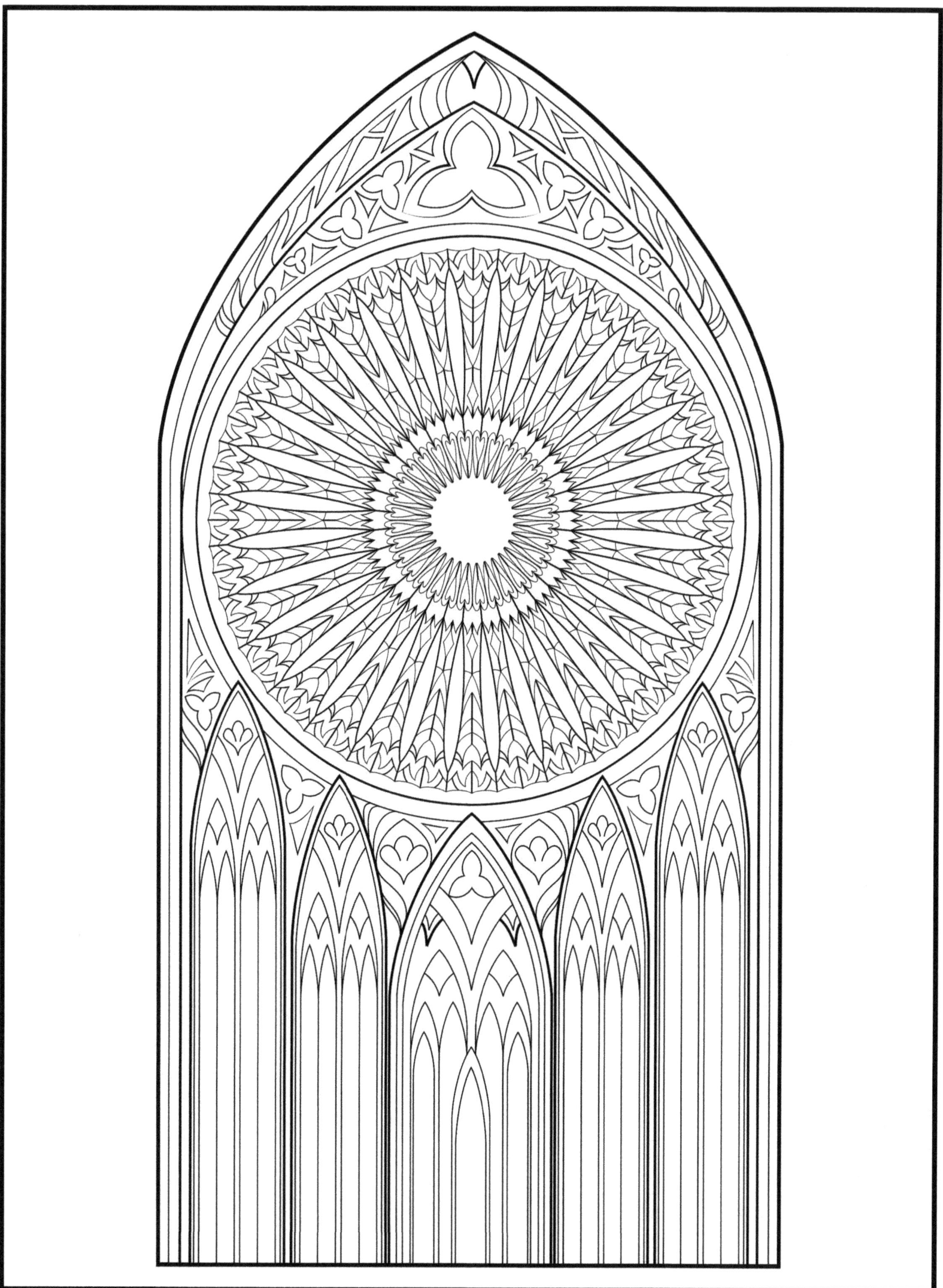

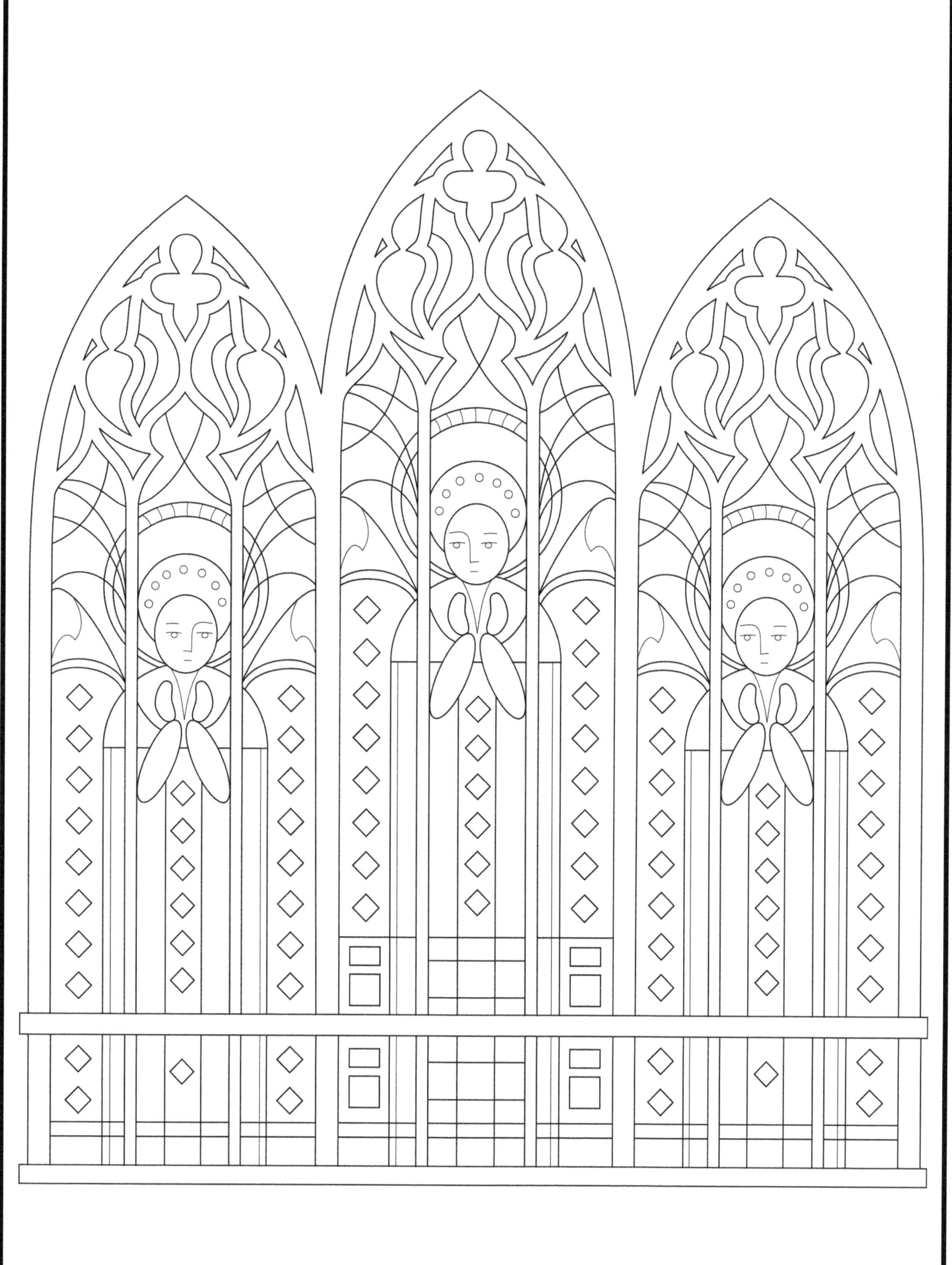

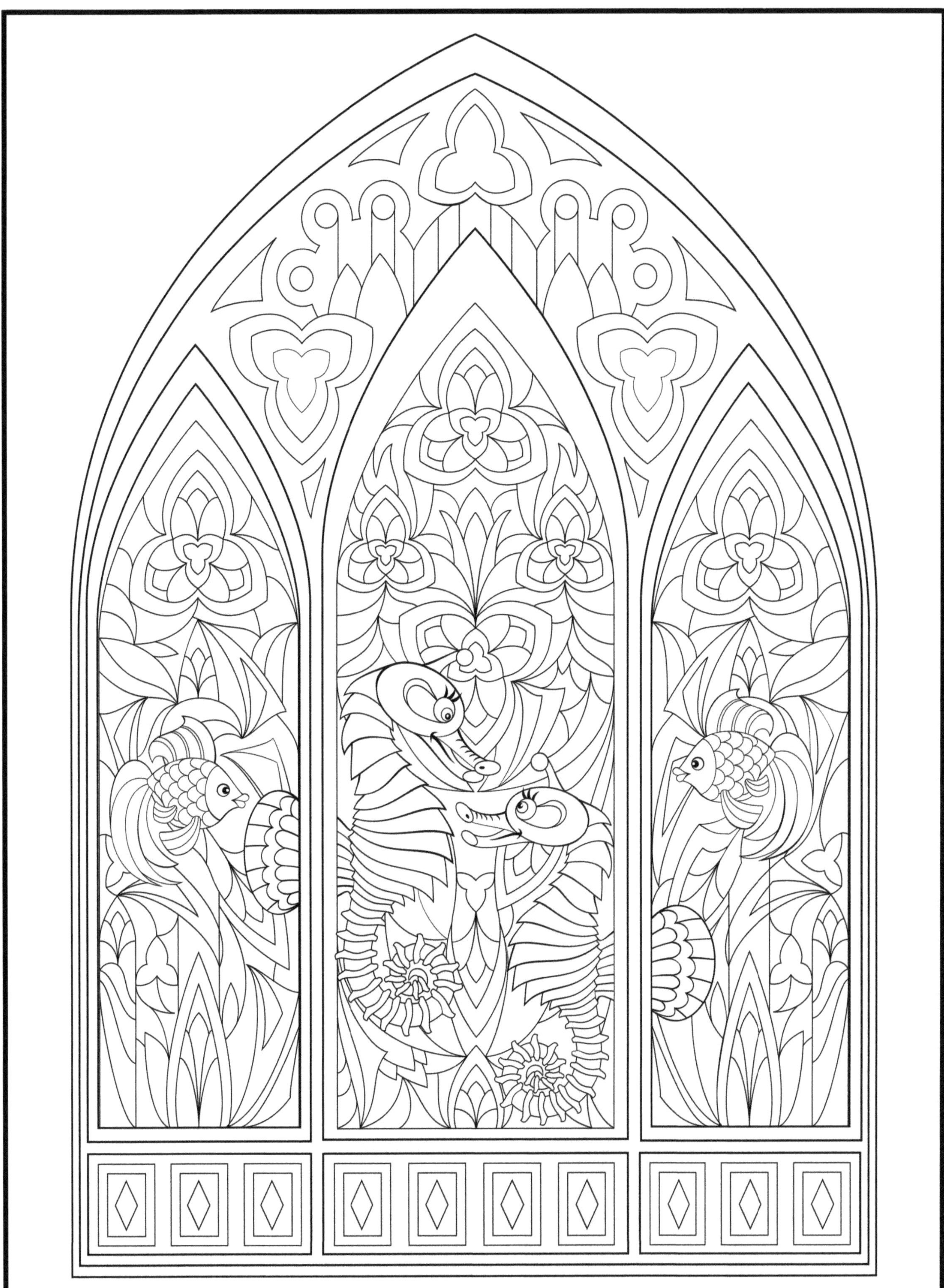

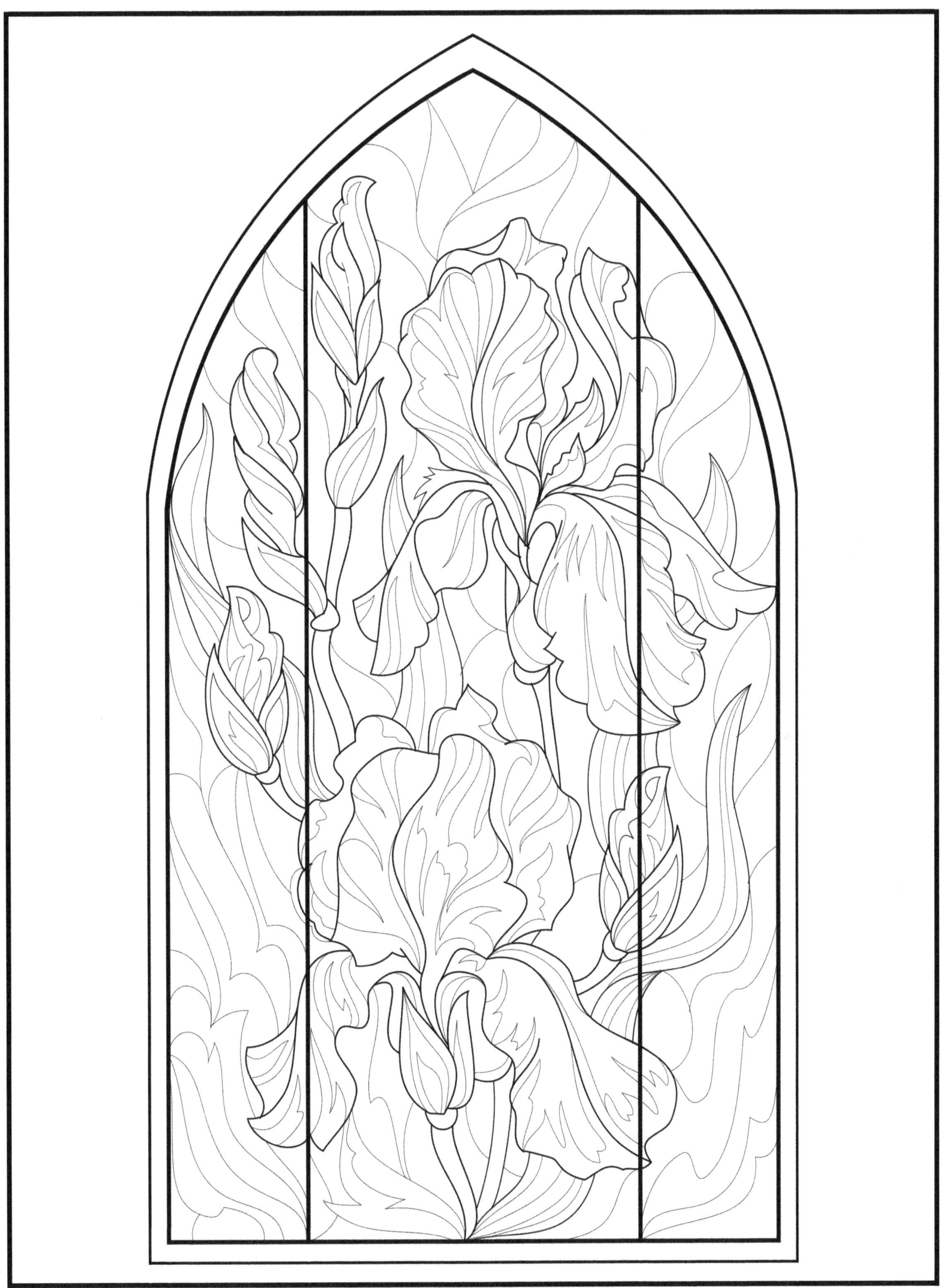

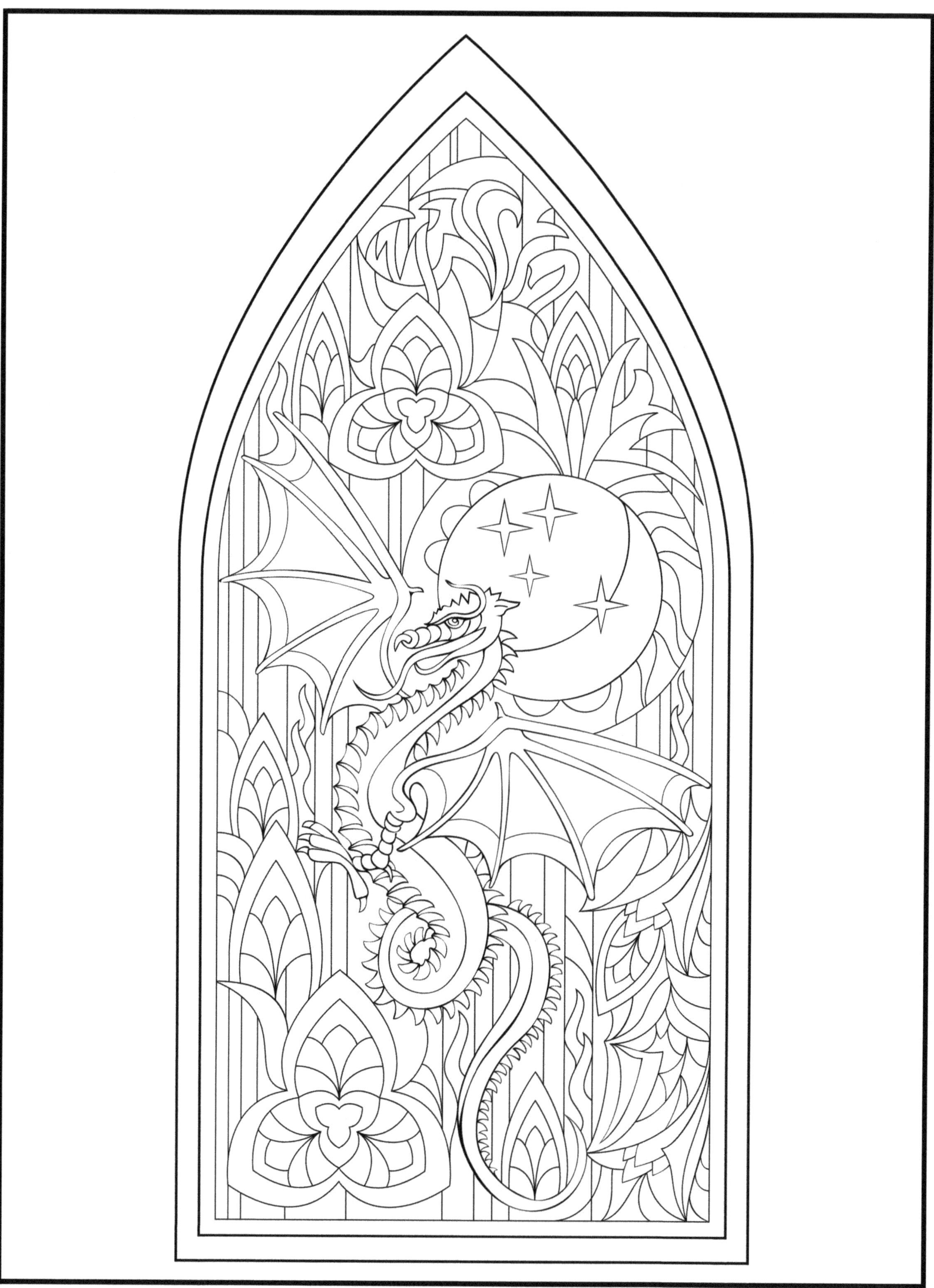

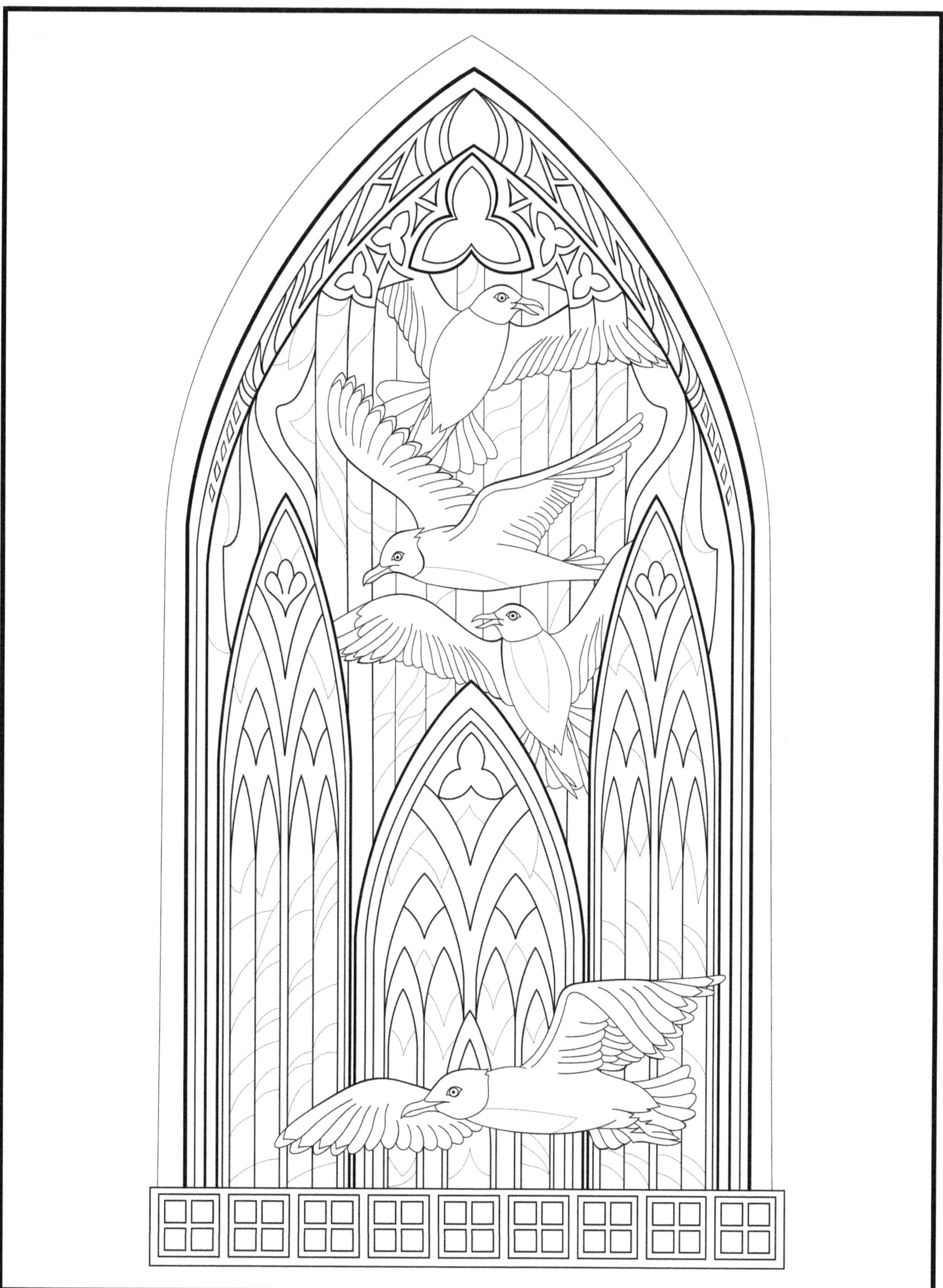

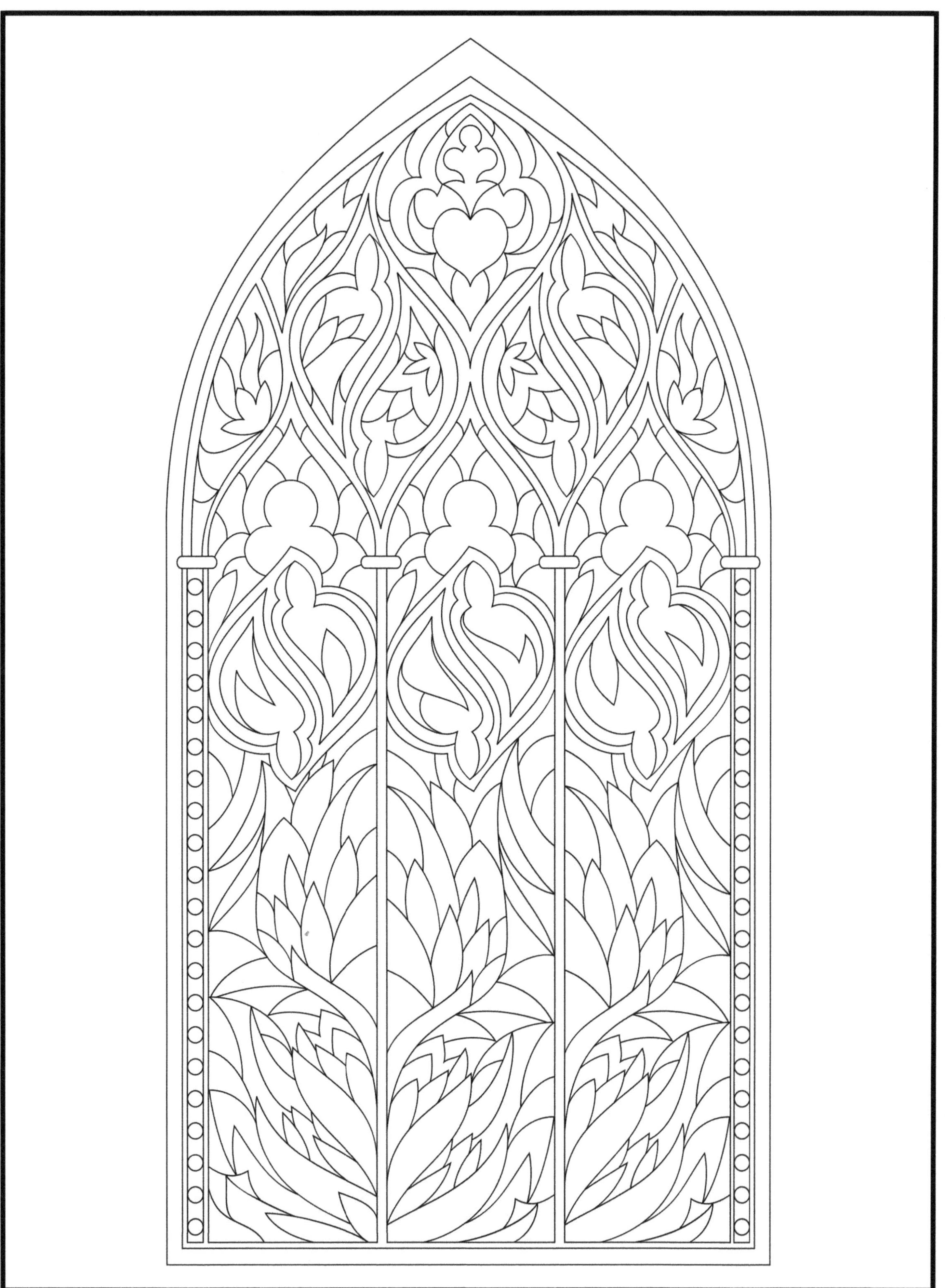

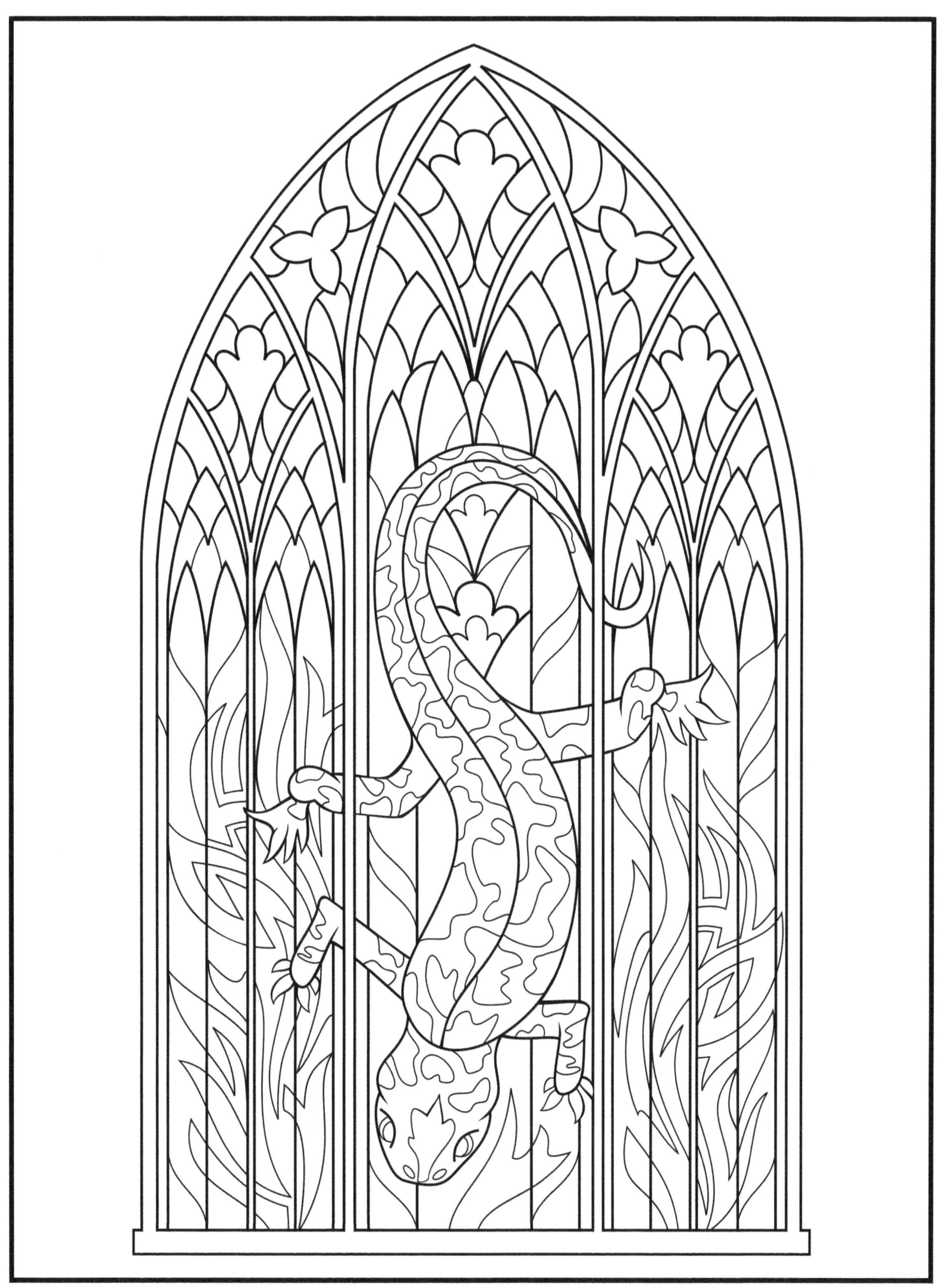

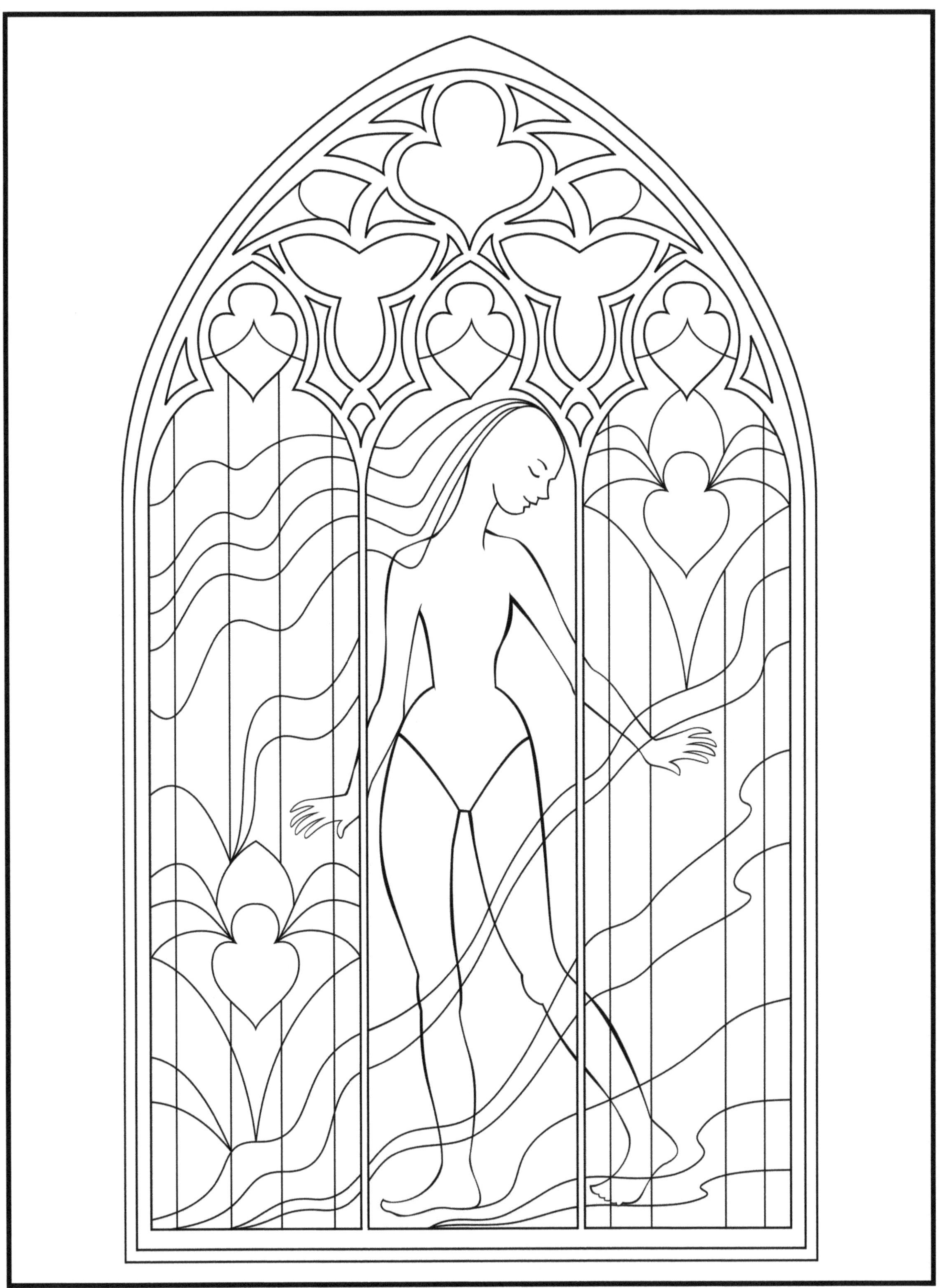

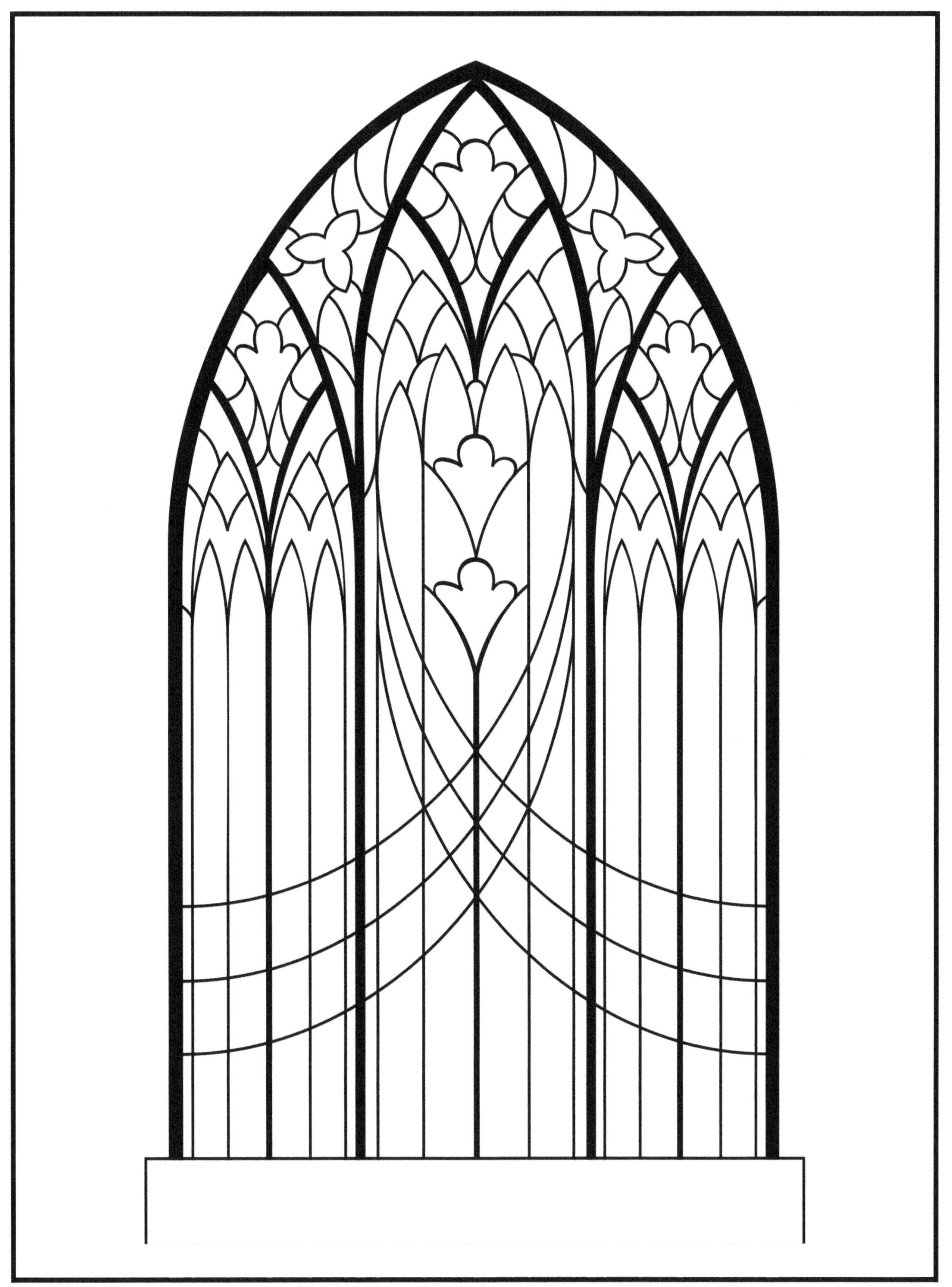

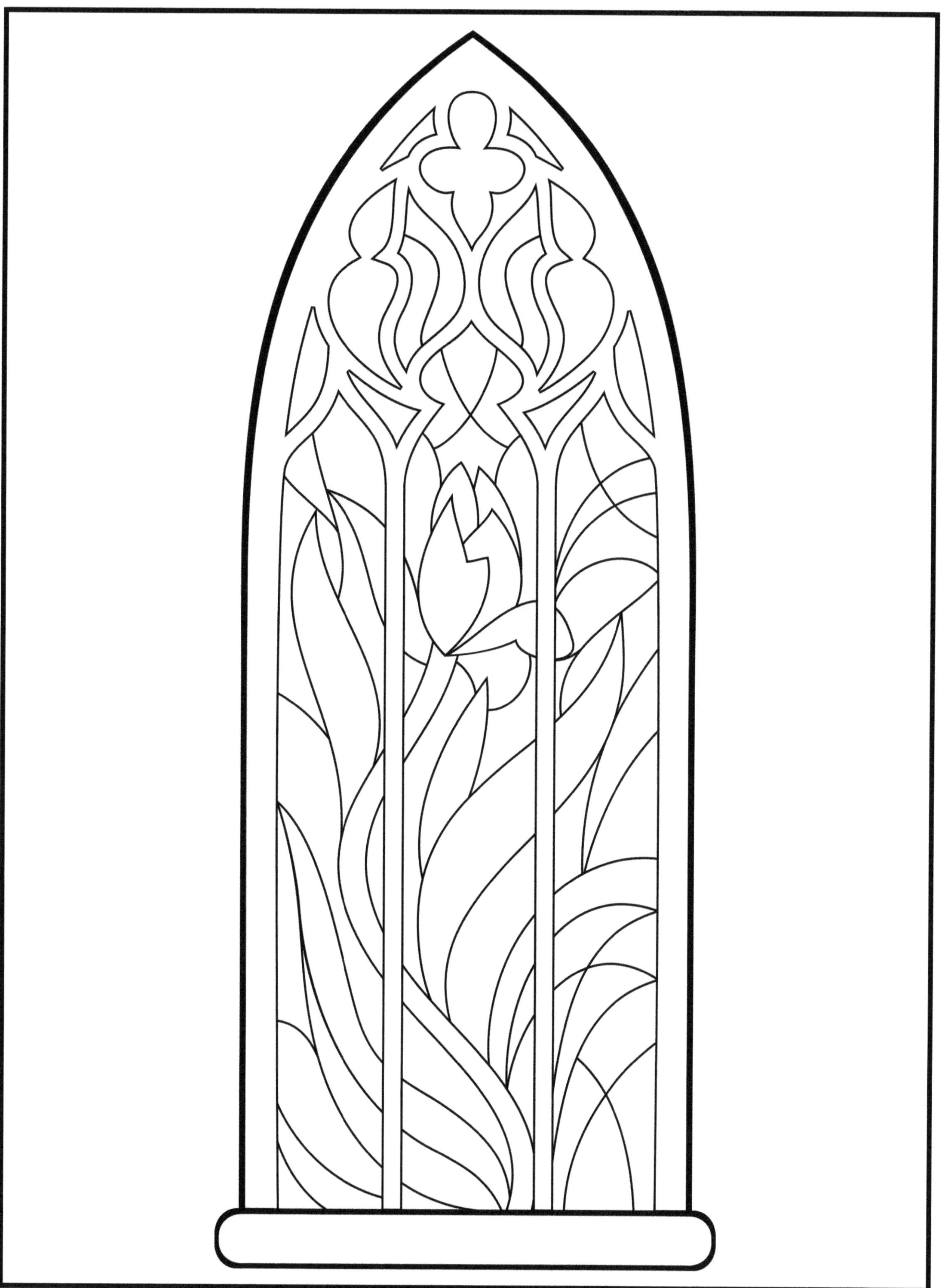

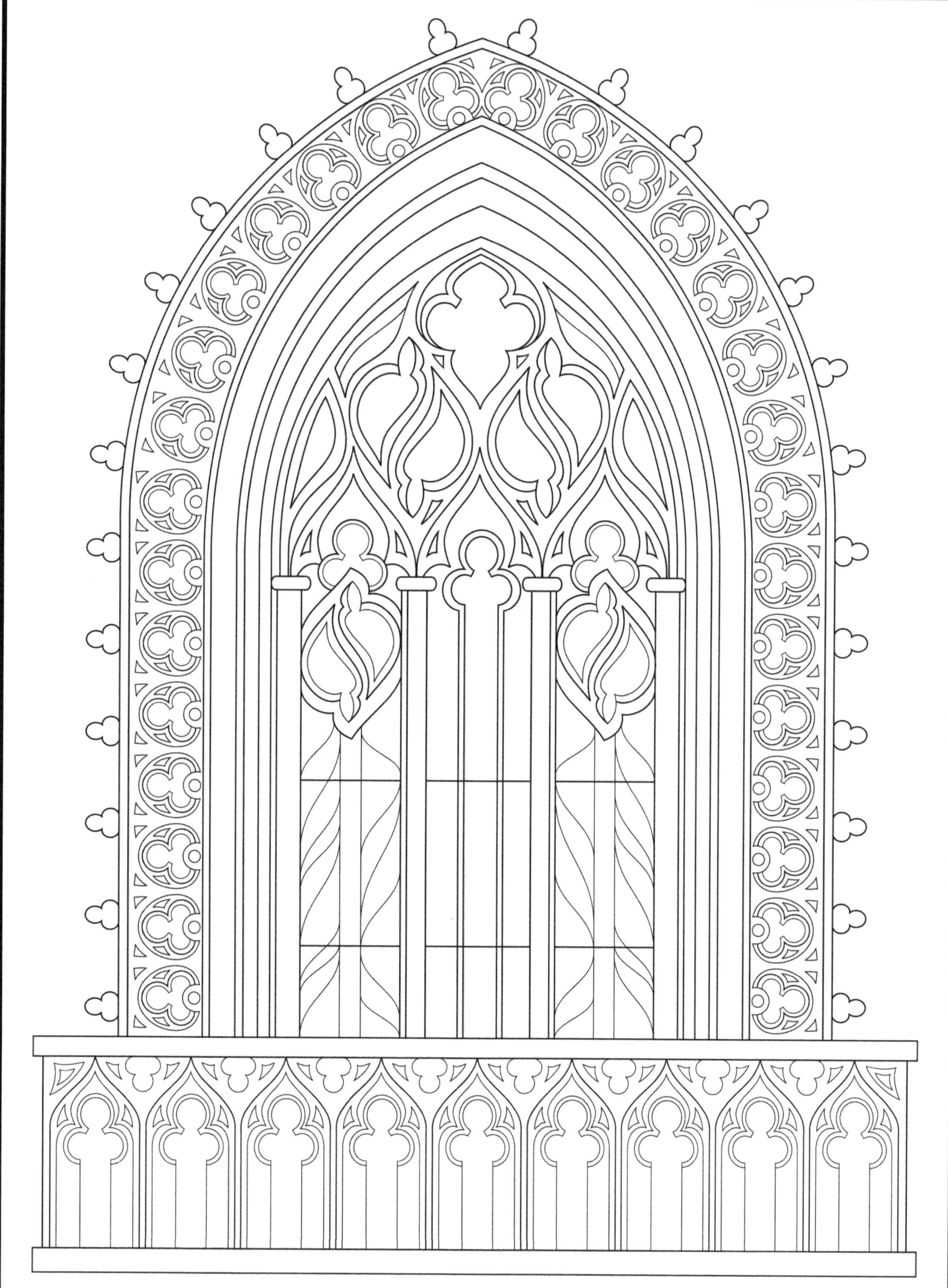

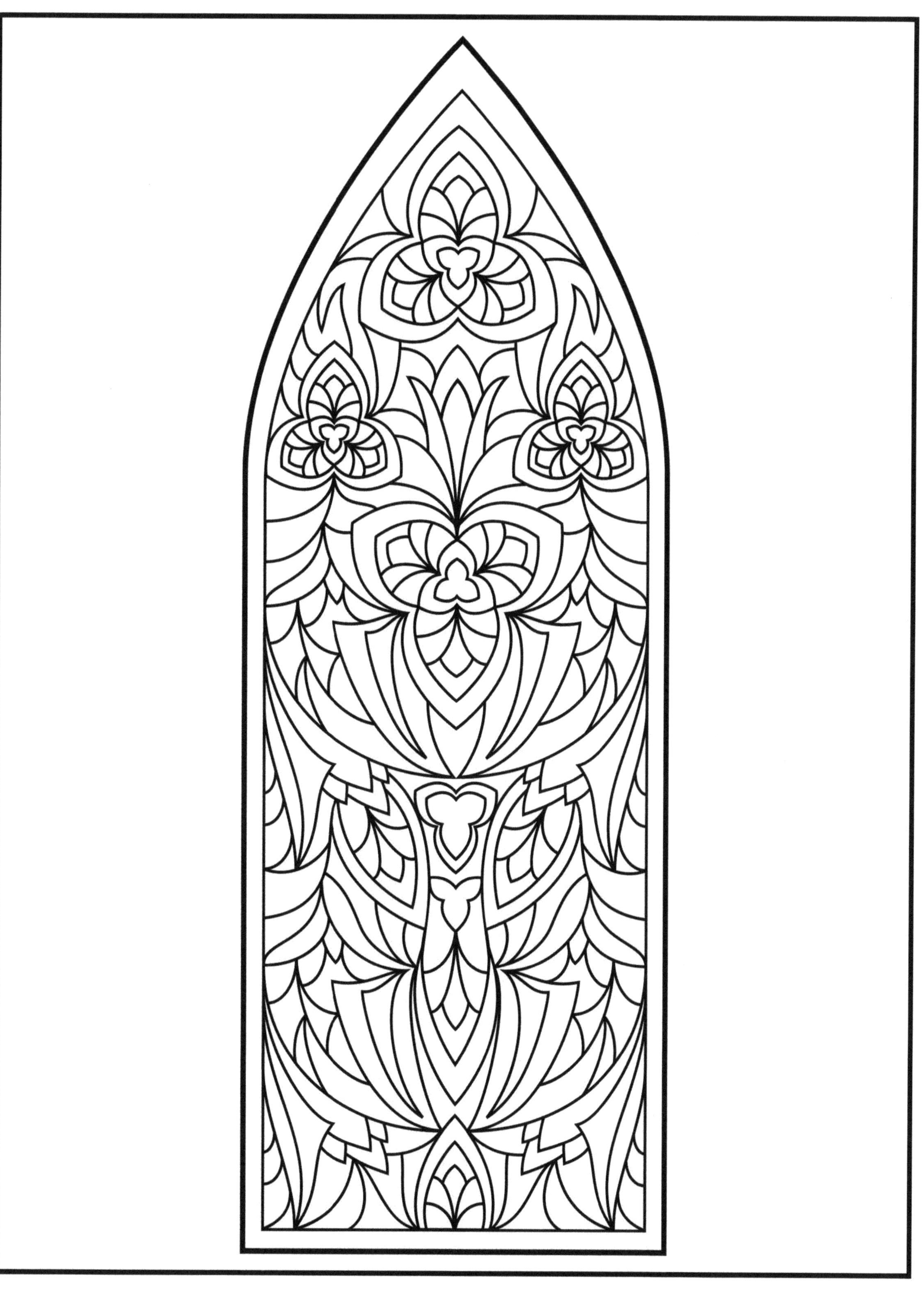

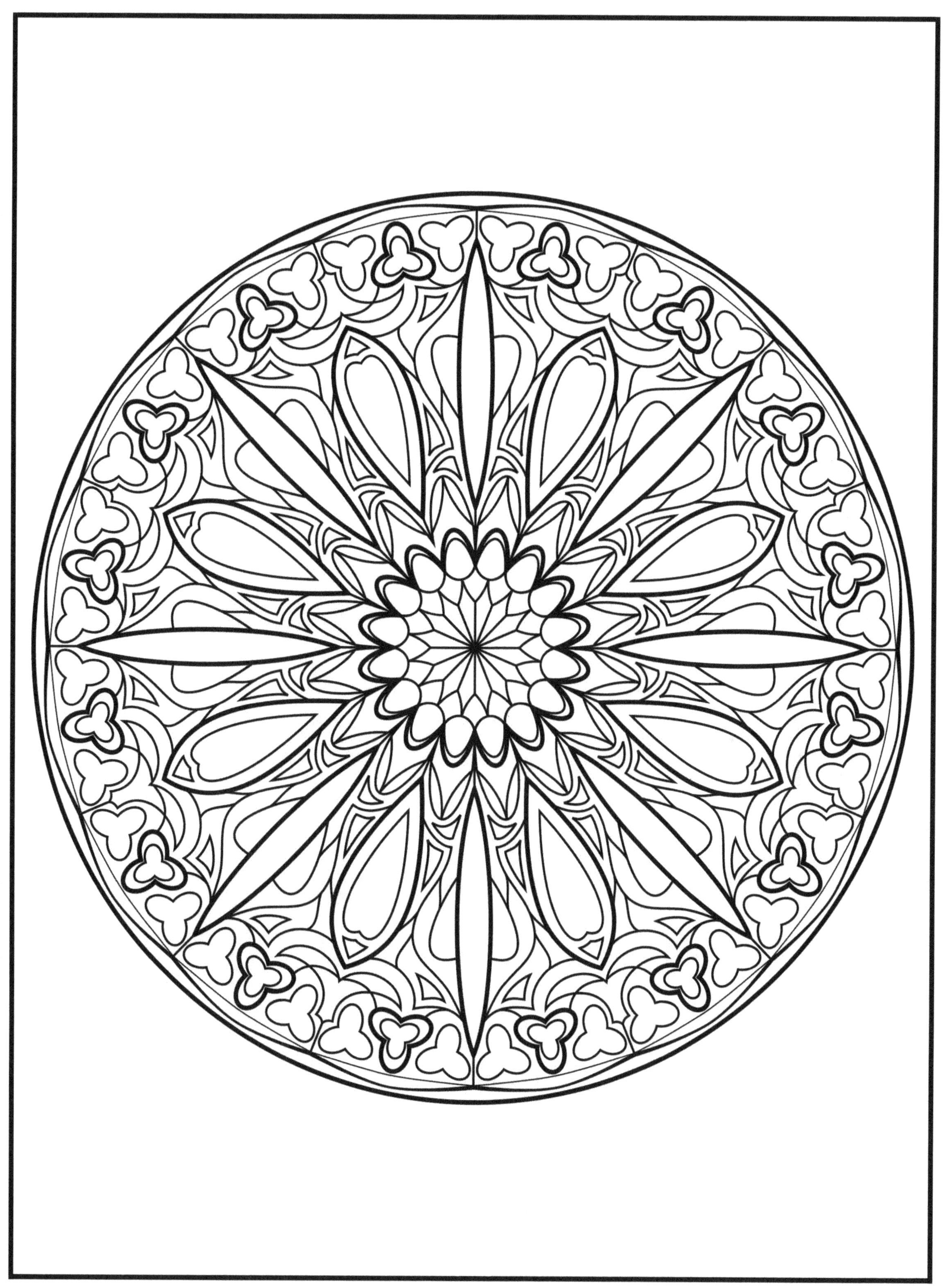

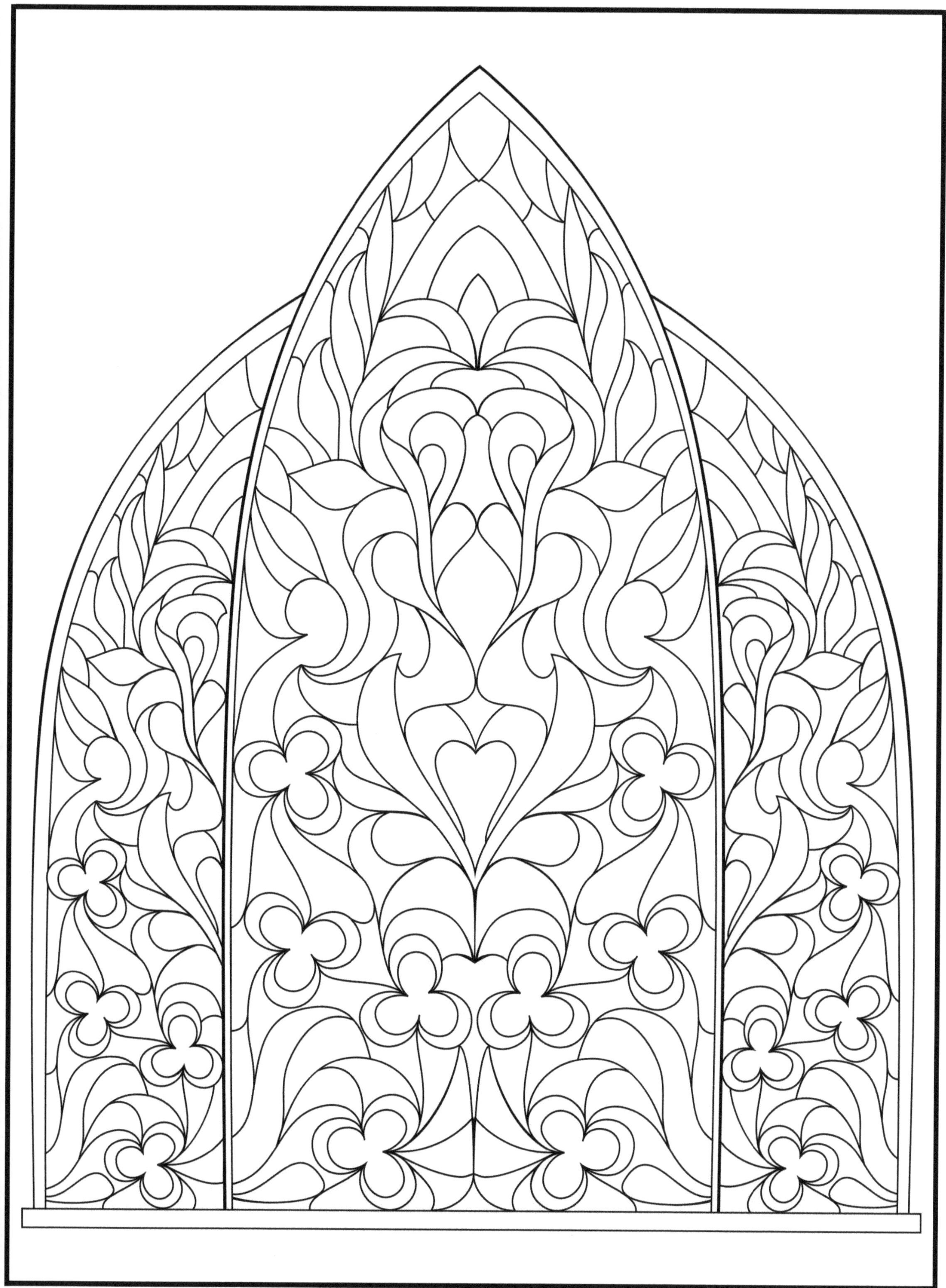

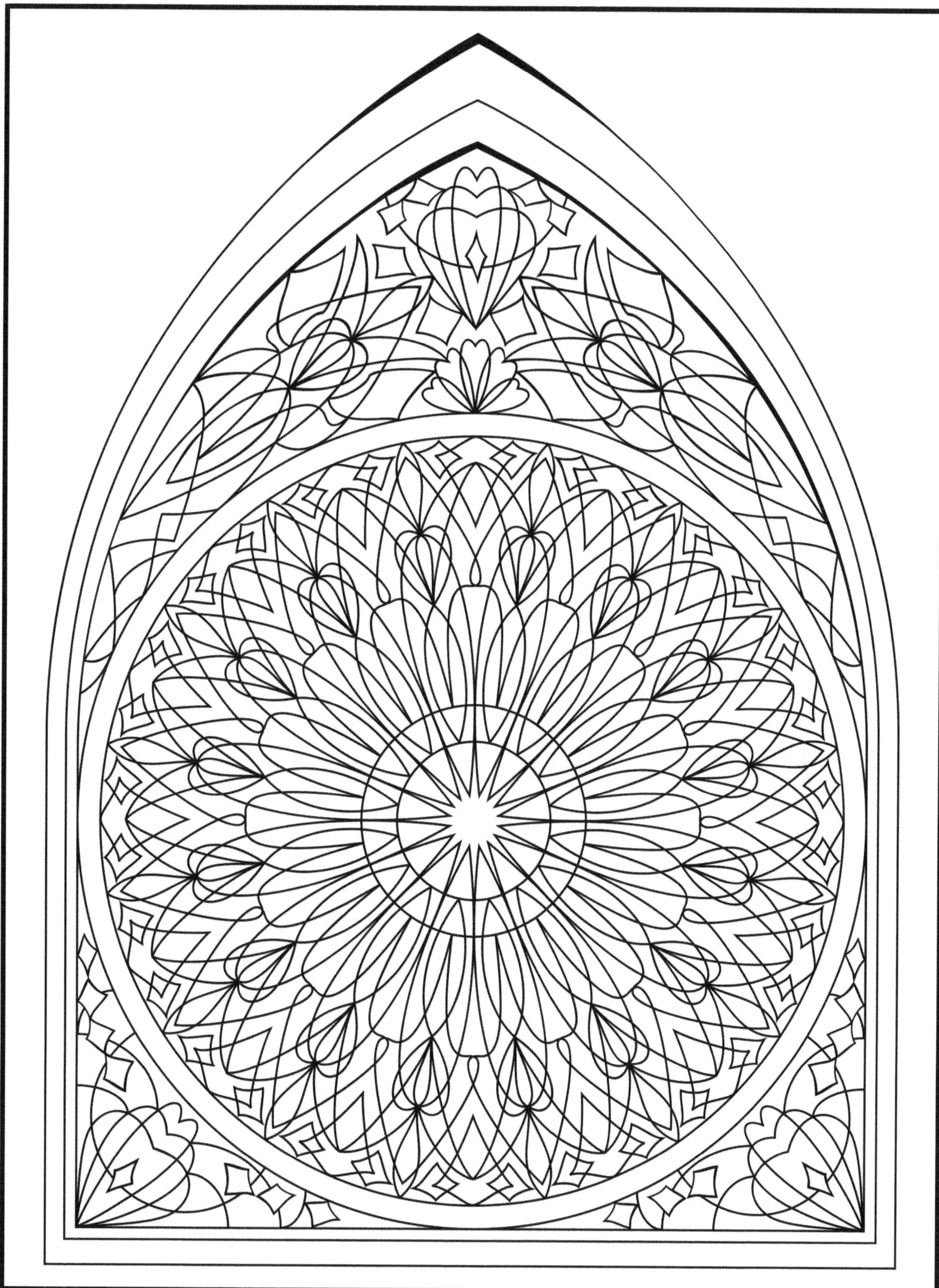

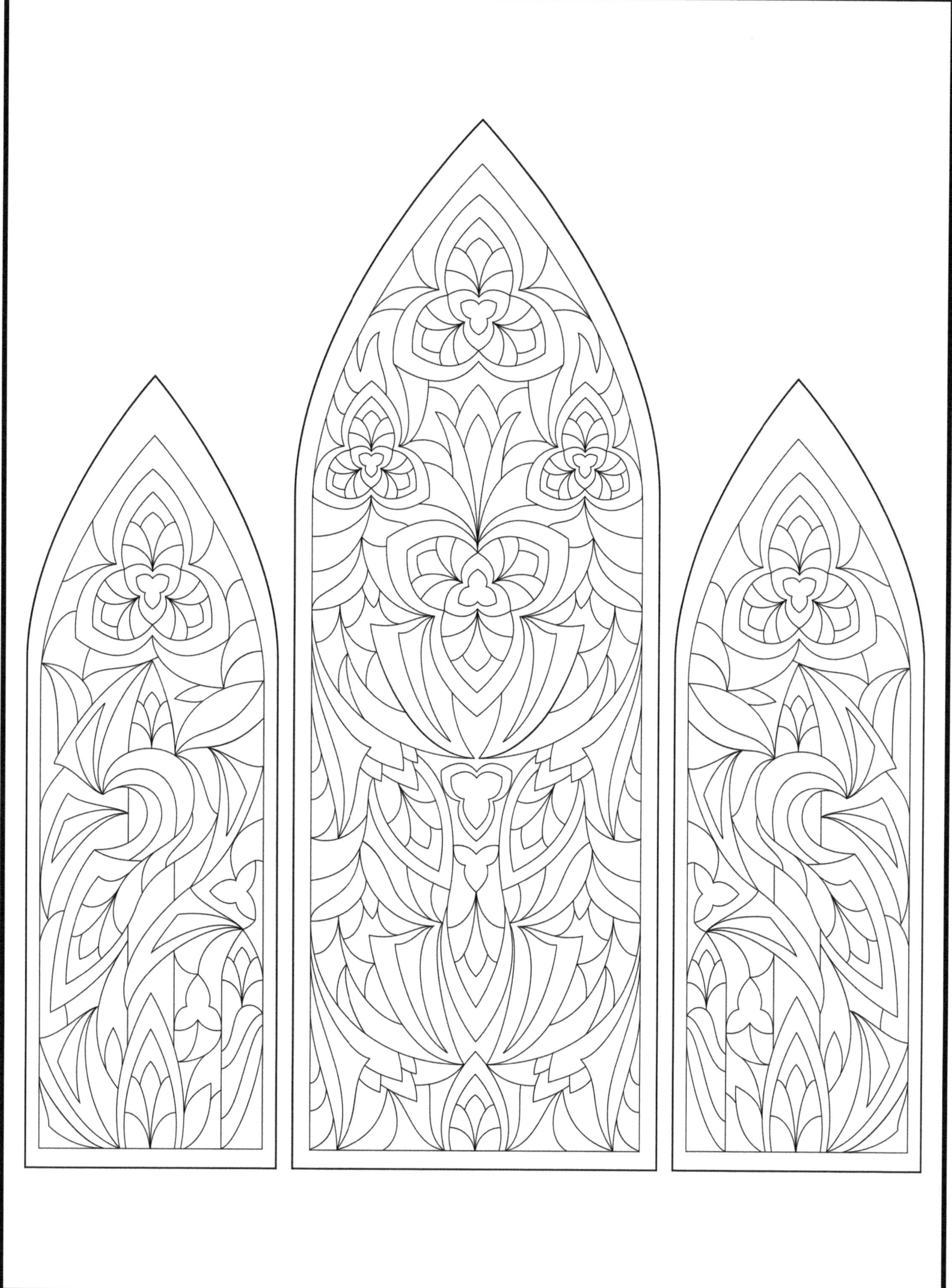

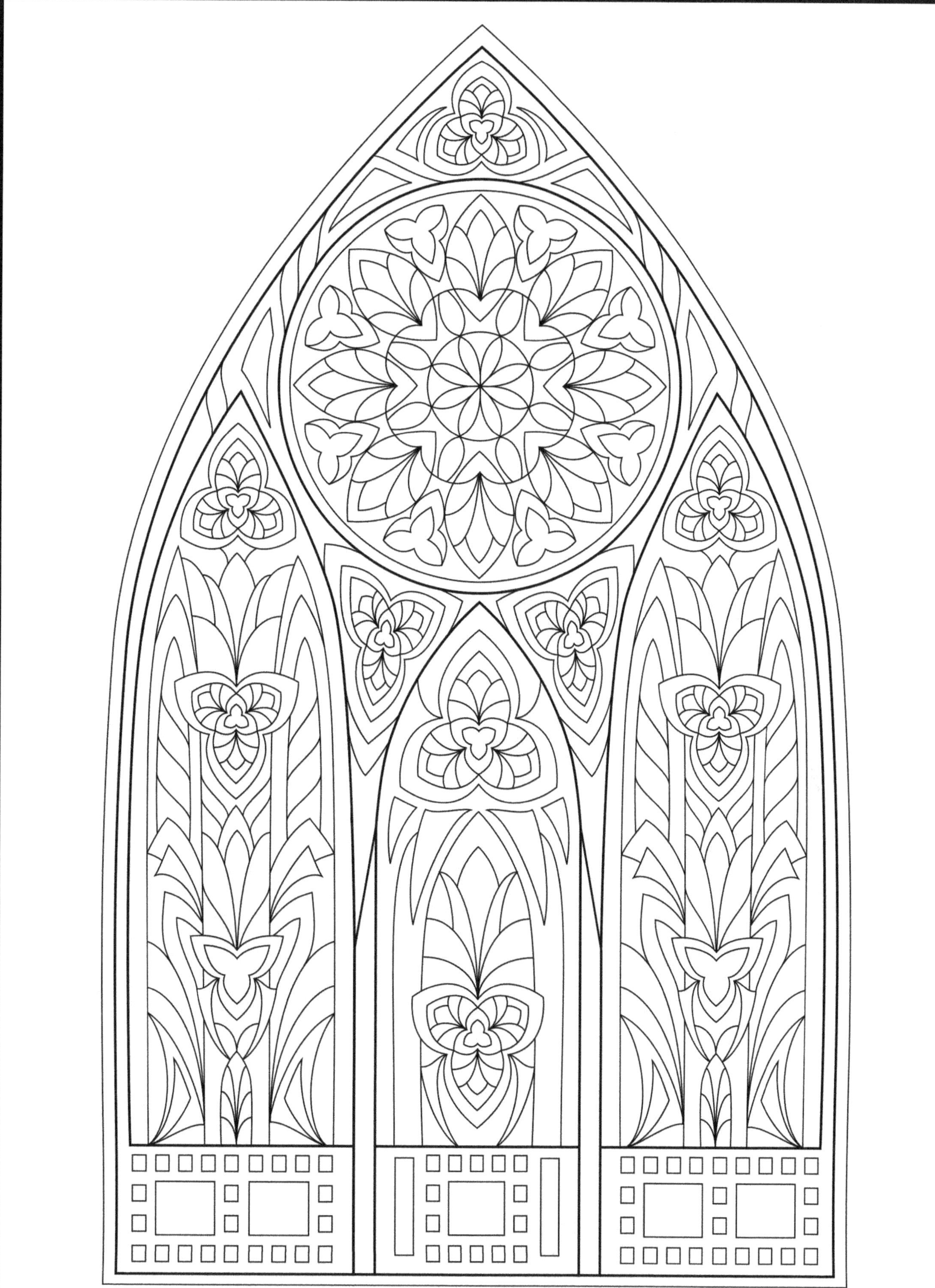

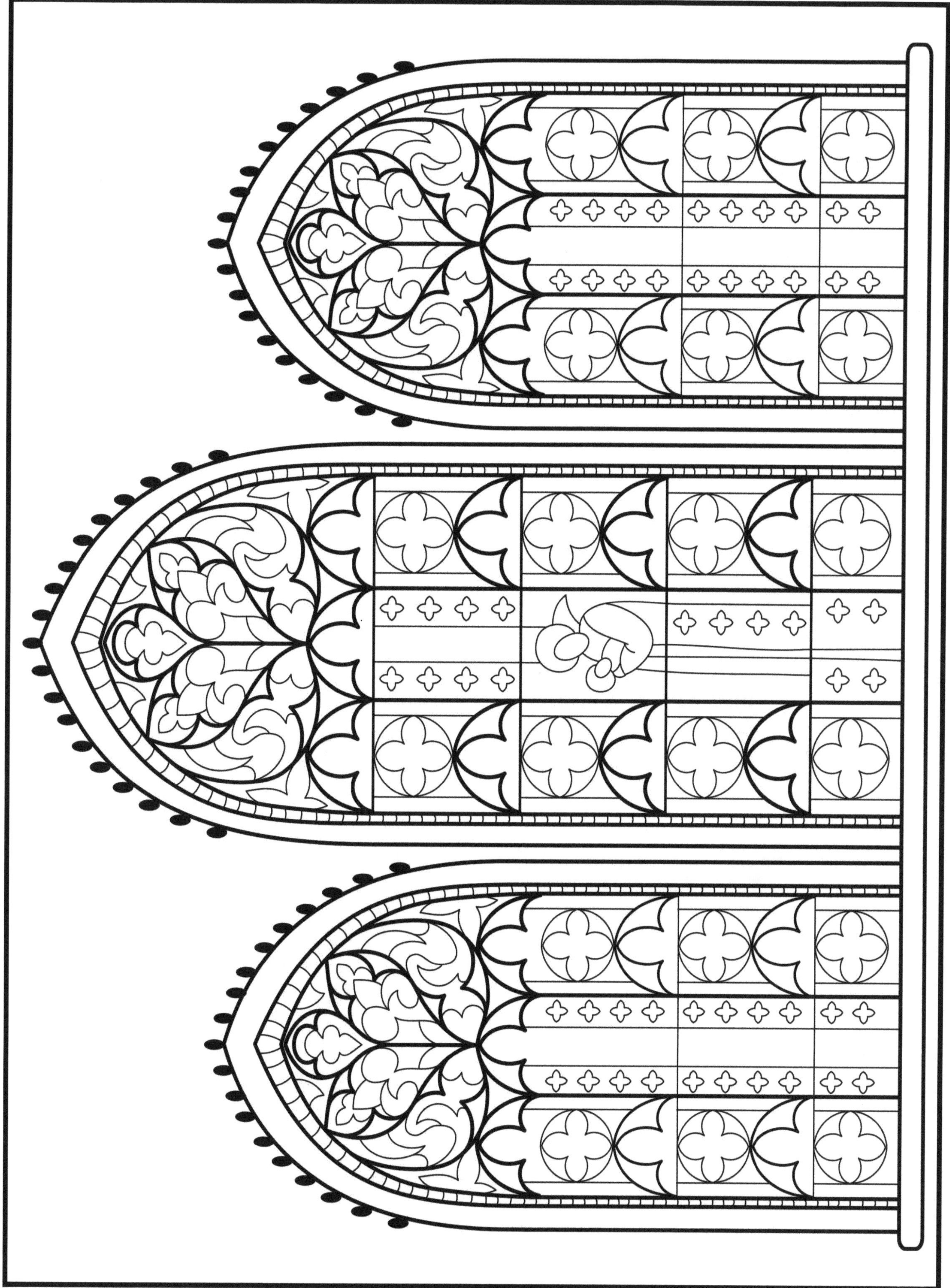

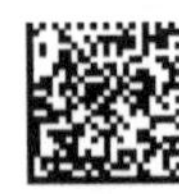